Antonina Funk

Kriegsbetroffene Kinder: Schul- und Sozialpädagogische Interventionen

GRIN Verlag

Bibliografische Information der Deutschen Nationalbibliothek:

Die Deutsche Bibliothek verzeichnet diese Publikation in der Deutschen National-
bibliografie; detaillierte bibliografische Daten sind im Internet über http://dnb.d-
nb.de/ abrufbar.

Impressum:

Copyright © 2004 GRIN Verlag GmbH
Druck und Bindung: Books on Demand GmbH, Norderstedt Germany
ISBN: 978-3-656-30216-2

Dieses Buch bei GRIN:

http://www.grin.com/de/e-book/203817/kriegsbetroffene-kinder-schul-und-sozial-
paedagogische-interventionen

Ruprecht-Karls-Universität Heidelberg

Erziehungswissenschaftliches Seminar

Oberseminar: Kriegsbetroffene Kinder – Schul-und

Sozialpädagogische Interventionen

Wintersemester 2003-2004

Thema: Graca Machels Fortschrittsbericht von 2001

Einleitung

Im Jahre 1996 veröffentlichte die frühere Ministerin für Erziehung in Mozambique Garça Machel eine Studie über Kriegsopferkinder, den "United Nations Report on the Impact of War on Children." Dieser Bericht, der vereinfacht auch „Machel – Bericht" genannt wird, setzt sich mit den wichtigsten Problemfeldern der Kriegskinderthematik auseinander und schildert sowohl an Einzelschicksalen, als auch in Form von allgemeinen Fakten das unermessliche Leid von Kriegsopferkindern auf dieser Welt.

Garça Machel selbst beabsichtigte mit der Veröffentlichung ihrer Studie weltweit eine größere Aufmerksamkeit für Kriegsopferkinder zu erreichen und erhoffte sich, damit den internationalen Druck zur Durchsetzung von Hilfsprogrammen und schützenden Maßnahmen zu verstärken. Unterstützt wurde sie bei ihrer Arbeit von so bedeutenden Organisationen wie UNICEF.

Fünf Jahre später erschien ein zweiter Bericht der Friedenskämpferin. Dieser Fortschrittsbericht von 2001 baut inhaltlich auf den vorhergegangen auf und ist Gegenstand der vorliegenden Arbeit. Er dokumentiert die Entwicklung der Kriegskinderproblematik seit 1996 und beinhaltet Vorschläge zur Verbesserung der allgemeinen Lage. In ihrem persönlichen Vorwort schreibt Machel, der erste Bericht sei ein Herzensschrei von ihr gewesen, mit dem sie die Menschen wachrütteln und zur schnellen Hilfe animieren wollte. Seitdem hätten sich einige positive Entwicklungen vollzogen, aber es hätte auch Rückschritte gegeben. So gäbe es immer noch zahlreiche Kritikpunkte zu vermelden. Außerdem seien auch neue Probleme hinzugekommen, wie die sich immer stärker ausbreitenden Aidsepidemien in den kriegsbetroffenen Ländern. Demnach wäre dieser zweite Bericht ein zweiter Herzensschrei von ihr, in der Hoffnung, den Zielen doch noch einige Schritte näher zu kommen.

Ziel der vorliegenden Arbeit ist es, den Fortschrittsbericht inhaltlich zusammenzufassen und dabei seine wesentlichen Punkte wiederzugeben. Um eine möglichst übersichtliche

Struktur zu erreichen, orientiert sich die Struktur der Arbeit an der des Machelberichts. Außerdem werden alle Kapitel des Fortschritts unter Berücksichtigung der folgenden drei Fragestellungen bearbeitet:

1. *Welche Entwicklung gab es in der Kriegskinderproblematik in der Zeitspanne seit der Veröffentlichung des ersten Machel-Berichtes im Jahre 1996 bis zur Erscheinung des Folgeberichtes im Jahre 2001?*
2. *Welche Kritikpunkte äußert Garça Machel in ihrem Fortschrittsbericht von 2001?*
3. *Welche Vorschläge macht Garça Machel zur Verbesserung der Lage von Kriegsopferkindern?*

Kindersoldaten

Nach dem ersten Machel-Bericht von 1996 wurden in den 90er Jahren im Durchschnitt mehr als 300.000 Kinder im Kriegsdienst eingesetzt. An dieser Zahl hat sich auch in dem Fortschrittsbericht von 2001 nichts geändert. So gibt es nach Garça Machel bezüglich der Kindersoldatenproblematik leider keine nennenswerten Fortschritte zu vermelden. Im Gegenteil, denn desto länger die Kriege in den betroffenen Ländern andauern, desto jünger werden die Kindersoldaten. Das liegt in erster Linie an der immer dramatischer werdenden Armut, die Familien zwingt auch ihre jungen Kinder als Soldaten zu verkaufen, sowie an der hohen „Verschleißrate" von Soldaten, aufgrund derer die militärischen Anführer auf immer jüngere Kindern zurückgreifen.

Warum hat es aber keine Fortschritte gegeben? Machel sieht einen Hauptgrund in der Tatsache, dass es bis heute zu wenig eindeutige Gesetze gibt, die das Mindestalter für Soldaten auf achtzehn Jahre festlegen. Außerdem beklagt sie, dass selbst wenn es solche Gesetzte geben würde, sie trotzdem keine Garantie zum Schutz der Kinder darstellen würden, was wiederum auf die große Zahl von unregistrierten Geburten zurückzuführen sei. Im Durchschnitt werden jedes Jahr ca. 40 Mil. Kinder unregistriert geboren. Daher wüssten viele Kinder selbst noch nicht einmal ihr genaues Geburtsdatum. Sehr fatal sei auch, dass mittlerweile sogar ein Wirtschaftsmarkt existierte, der von Kindersoldaten profitiert, weil er so genannte „kindertaugliche" Waffen produziert.

Die Kritikpunkte von Machel ergeben sich aus diesen Fakten. Leider sieht sie kaum Möglichkeiten diese dramatische Entwicklung einzudämmen. Erst nach Beendigung eines Krieges, gebe es Möglichkeiten den (ehemaligen) Kindersoldaten zu helfen. Machel nennt dazu die folgenden notwendigen Schritte: Entwaffnung der Soldaten und Einsammeln der Waffen, Registrierung der Soldaten und ihre offizielle Dienstentlassung, Reintegration der Soldaten in die Gesellschaft und Sicherung ihrer Lebensverhältnisse. So könne ihnen zumindest im Nachhinein geholfen werden und man könne durch ihre Reintegration in die Gesellschaft – soweit diese möglich ist – vorbeugende Maßnahmen treffen, um die Möglichkeit einer Wiederholung zu verringern.

Flüchtlingskinder

In ihrem Fortschrittsbericht über Flüchtlingskinder nennt Graça Machel einige positive Veränderungen, die seit ihrem ersten Bericht eingesetzt haben. So erzielten bedeutende Organisation wie UNICEF oder ICRC (International Comittee of the Red Cross) mit Programmen zur Wiedervereinigung von Flüchtlingsfamilien hohe Erfolgsquoten. Dort wo die Organisationen aktiv waren, konnten fast 90 Prozent aller Flüchtlingskinder wieder mit ihren Familien vereint werden. Sehr unterstützend bei dieser Arbeit der Organisationen waren moderne Computereinrichtungen, die zu diesem Zweck von großen Unternehmen gestiftet wurden. Positiv ist nach Machel auch ein Projekt zur Friedensbildung und zum Wiederaufbau im Kosovo verlaufen. Im Jahre 1999 halfen dort einheimische Jugendliche bei dem Wiederaufbauprojekt mit, und das war sehr sinnvoll zur Bekämpfung ihrer Perspektivlosigkeit und zur Schaffung eines Zusammenhaltsgefühls unter den Jugendlichen.

Trotz dieser positiven Beispiele sieht Machel noch viele Kritikpunkte. So kritisiert sie beispielsweise gravierende Fehler bei der Einrichtung von Flüchtlingslagern, die insbesondere zu einem verstärkten Maß potenzieller Gewalttaten gegen Frauen führten.

Zur Verbesserung der Flüchtlingssituation, macht Garça Machel folgende Vorschläge:

1. Man müsse alles dafür tun, Flüchtlingsfamilien zusammenzuhalten, weil Kinder und Frauen sonst besonders gefährdet würden.

2. Es müsse eine hauptsächlich beauftragte Behörde (UNHR - Office of United Nations high Commissioner for Refuges) geben, welche die Flüchtlingshilfe anführt und die mit den anderen Institutionen zusammenarbeitet.

3. Man solle den "Guiding Principles on internal Displacement" (30 Prinzipien für die Flüchtlingshilfe; 1992 vom UN-Generalsekretär Francis Deng aufgestellt) endlich mehr Beachtung einräumen, weil sie die grundlegenden Schutzmaßnahmen für interne Flüchtlinge, insbesondere für deren Kinder darstellten. So verbieten sie z.b. Verkäufe von Kindern in die Prostitution, oder als Kindersoldaten und fordern das Recht für Flüchtlingskinder auf eine schulische Ausbildung in Flüchtlingslagern.

4. Man soll Flüchtlinge bei der Organisation und dem Aufbau ihrer Lager verstärkt mit einbeziehen, um ihnen eine Perspektive geben und das Gefühl nicht nutzlos zu sein.

Kinder und HIV/AIDS.

HIV/AIDS ist zu einem der größten Gesundheitsprobleme nicht nur in Kriegsländer geworden. Weltweit sind schon vier Millionen Kinder davon gestorben und über dreizehn Millionen infiziert. 50% von allen neuen hiv-infizierten sind Jugendliche zwischen 10 und 24 Jahre alt, mit sieben Tausenden neuen Fällen jeden Tag.

„Vertical transmission" ist ein medizinischer Begriff. Das bedeuten Übertragung der Infektion von Mutter zum Kind.

Mehr als 90% HIV-infizierten Kinder sind schon als geboren Babys HIV-positiv.

15% der Kinder werden mit Muttermilch infiziert, dadurch steigt die Todesgefahr des Babys um das Sechsfache. Viele Frauen werden von ihren Männern unbewusst infiziert. Transmission vom Mann zu Frau kommt viel Mal öfter, als von der Frau zum Mann.

Machel kritisiert fehlende Information über HIV/AIDS-Gefahr. In den Kriegsländern fehlen Sozialsystem, Gesundheits- – und Bildungssysteme.

Z.B., Burundien: Finanzierung des Militärprogramms ist zehn Mal höher als Gesundheitsprogrammen.

Ephiopien: Finanzierung des Militärprogramms ist zwei Mal höher. 1999 haben 51000 Kinder in Ephiopien ihren Lehrer verloren.

Die Erfahrungen in Brasilien, Senegal, Thailand und Uganda zeigen, dass die gemeinsame Arbeit der Politiker, gesamter Regierungen und internationaler Organisationen, wie NGO, positive Ergebnisse ergibt.

Z.B. die Zahlen der HIV-Infizierten in Uganda sind von 31% 1990 bis 14% 1998 gesunken.

Ende der sexuellen Gewalt.

Im Krieg wird immer wieder sexuelle Gewalt als Waffe eingesetzt. Am meisten leiden darunter Kinder und Frauen. Die Kinder, die ihre Eltern verlieren, und die Kinder, die selbst sexuellen Missbrauch erlebt haben.

Im Februar 2001 hat ICTY 27 Fällen der sexuellen Gewalt untersucht. Es war ca. 20000 Opfer der sexuellen Gewalttaten festgestellt.

Um die Situation zu verbessern, werden dann folgende Untersuchungsprojekte geplant:

- Verkauf der Kinder
- Kinderprostitution
- Kinderpornographie
- „Where are the babies?

In Projekt "Where are the babies?" werden Schicksale der Frauen und ihrer Kinder, die nach den Vergewaltigungstaten geboren worden, untersucht. Dieses Projekt findet in Liberien, Sierra Lione, Guatemala, Uganda und Jugoslawien statt. Diese Projekte fördern die Rehabilitation der Frauen und der Kinder in Kriegsländern.

Gesundheit und Ernährung.

Bei den Konfliktsituationen sind die Zivilisten in größter Gefahr.

Z.B. in Demokratischer Republik Kongo (August 1998- April 2001) gab es 2,5 Millionen Toten der Zivilisten, ein Drittel davon war Kinder unter fünf Jahren.

Seit 1996 arbeitet UNFPA in Afrika. Die Arbeit der UN-Organisationen, wie UNEFPA, NGOs, UNHCR, WHO verbessert die Gesundheitssituation in Konfliktgebieten.

Es wurden „National Immunisation Days"- Kompanien durchgeführt.

In Kongo sind nur 15% der Kinder gegen Masern geimpft, in Somalia sind 26%, weniger als 15% in Afghanistan, Angola, Burundien, Liberia, Sierra Lione.

In Kriegsländern soll psychisch-soziale Programme gefördert werden, an deren Politiker, internationale Organisationen, weitere Zivilgruppen, Lehrer, Gesundheitsexperten, Kinder und Familien beteiligt werden.

Erziehung zu Überleben und Entwicklung.

Während des Konflikts ist die Ausbildung sehr wichtig für Kinder. Die Ausbildung kann einfach ein organisatorisches Spiel sein und kann aus Sport, Malen oder Musikunterrichten bestehen. Alles das hilft den Kindern das Trauma des Konflikts zu bewältigen. Die letzten

Studien der Weltbank haben gezeigt, dass die Entwicklung des Schulsystems zur Sicherheit in der Gesellschaft beiträgt und die Möglichkeit des Bürgerkrieges reduziert. Wenn die Schulunterrichten sogar in den Kriegszeiten weitergehen, dann hat der Staat zumindest irgendwelche Sicherheit in der Zukunft. Die Schulen sind die Angriffsobjekte in den Konfliktsituationen, z.B. in Mozambique waren 45 Prozent der Schulen während des Bürgerkrieges zerstört. Oft werden die Lehrer angegriffen, weil sie die wichtigsten Staatsmitglieder sind, z.B. in Rwanda während Gewalttätigkeit ist zwei Drittel von Lehrer geflohen oder ermordet worden. In der Türkei wurden die Lehrer auf kurdischen Gebieten für die Benutzung des türkischen Lehrplans bedroht.

Während des Konflikts investiert die Regierung mehr die Verteidigung als Ausbildung und Gesundheitswesen.

Während des Krieges wurden die meisten Bildungsprogrammen für die Flüchtlingskinder gerichtet, weil Kinder in den Lagern am besten zu erreichen sind. Weniger als ein Drittel der Flüchtlingsausbildung wird von den internationalen Organisationen unterstützt. Viele Flüchtlingsgemeinden organisieren Schulunterrichten ohne auf die internationale Hilfe zu warten, z.b. in Guinea haben die Lehrer für die Flüchtlinge aus Liberia und Sierra Lione ein Schulprogramm ausgearbeitet. Später haben sie Unterstützung von UNHCR bekommen und hatten schon 12.000 Flüchtlingsstudenten. The international Rescue Committee (IRC) war einverstanden den Lehrer zu bezahlen und bald wurde auch das Schulgebäude aufgebaut. Das Programm hat sich so entwickelt, dass mehr als 75.000 Studenten in 135 Schulen gab, und 1.800 Lehrer dazu. Aber ein Drittel der Kinder in den Lagern (fast 150.000) hat keine Ausbildung bekommen. In den Ländern in denen es Staatsschulen gibt, kann es für die Kinder ohne Identifikationspapieren verboten werden, eine Schule zu besuchen, z.B. in Kolumbien. In 1997, Sri Lanka Ministerium für Ausbildung erlaubte Kinder ohne Geburtsurkunde die Schule zu besuchen, aber weigerte sich die Erlaubnis für die Zulassung zur Prüfung und Sportunterrichten zu geben. Machel kritisiert dass, die internationalen Organisationen die Wichtigkeit der Ausbildung für Kinder anerkannt haben, aber die Unterstützung der Ausbildung für Jugendliche nicht durchgeführt. Die Gefahr besteht darin, dass deprimierte junge Leute ohne Ziel in ihren Leben aufgefordert sind in die Armee zu gehen.

Nur 1 aus 10 Flüchtlingsmädchen in dem Schulalter besucht die Schule.

Die Ursachen, wieso es so passiert sind die folgende:

1. kulturelle Glauben und die Heirat von Jugendlichen.

2. die Familien von Jugendlichen können nicht die Schule bezahlen
3. manchmal wollen die Eltern nicht, dass die Mädchen ab dem bestimmten Alter zusammen mit Jungs in die Schule gehen. z.B. in Afghanistan.

Die Ausbildung im Notstand kann die Möglichkeit geben gegen die Diskriminierung von Mädchen zu kämpfen. Das Programm unterstützt von IRC (International Rescue Committee) hat einen Ausbildungsplan ausgearbeitet, der die Selbstbewertung der Flüchtlingsmädchen aus Liberia und Sierra Leone fördert. Es wurde Frauenclubs und Programmen der emotionalen Unterstützung organisiert.

Vor vielen Jahren waren die behinderten Kinder von den anderen Kindern getrennt unterrichtet. Die internationalen Ausbildungsorganisationen fördern, dass die behinderten Kinder auch zusammen mit anderen Kindern in die Schule gehen. Man schätzt, dass etwa 70% behinderter Kinder erfolgreich in Ausbildungsprogrammen integrieren können. Die gebliebene 30% brauchen besondere Fürsorge. In den Karagwe Lagern für die Ruanda Flüchtlinge in Tansania, besuchen die meisten behinderten Kinder die Schule mit anderen Kindern und bekommen dabei spezielle Versorgung und es gibt auch Klasse für die Kinder mit geistlicher Behinderung.

Die Gefahr von Landminen.

Die Landminen sind besonders gefährlich für Kinder. Sie können z.B. die Warnungsschilde nicht lesen und sie sind meistens neugierig, wenn sie ein Objekt finden. Besonders gefährlich sind die „butterfly" Minen, die wie Spielzeuge aussehen und können verschiedenen Farben haben. Die Landminen sind besonders gefährlich für die jungen Leute, die in den Feldern und Wäldern arbeiten. Die Landminen werden so oft im Haushalt benutzt wie z.B. in Combodia, dass die Kinder über die Gefährlichkeit der Minen ganz vergessen.

Die internationalen Organisationen wie International Campaign to Ban Landmines (ICBL), 1100 non-governmental Organisations aus 60 Ländern, International Committee of the Red Cross und UN agencies haben sich in Ottawa (Kanada) 1997 getroffen um Benutzung, Aufbewahrung und Produktion der Landminen zu verbieten.

In März 1999 wurde die Konvention zum internationalen Gesetzt. Die Regierungen, die diese Konvention ratifizieren, sind verpflichtet an folgenden Regeln zu halten:

- Man soll die Landminen nie benutzen
- Man soll die Landminen nie produzieren oder entwickeln
- Man soll die Landminen nie übertragen

- Man soll die Landminen innerhalb von vier Jahren zerstören
- Man soll jährlich über die Durchführung der Konvention berichten

Seitdem die Konvention in die Kraft getreten ist, ist die Produktion der Landminen weltweit niedriger geworden. Von 12 größten Ländern, die Landminen produzieren, haben nur 8 davon die Konvention unterschrieben. Die Zahl der Produktionsländer ist von 54 auf 16 gefallen. Etwa 20 Millionen von Landminen waren in 50 Ländern zerstört. Aber die Zahl der Minen bleibt trotzdem hoch: 250 Millionen Landminen in 105 Ländern.

Die Hälfte der Länder, in denen noch die Landminen sich befinden, hat in den mine awareness Programmen teilgenommen. Es passierte aber oft, dass die mine awareness Gruppen in die Gemeinden kamen, präsentierten die Informationen und gingen weiter. Das hat wenig gebracht. Die Programme, die vor kurzem durchgeführt wurden, waren ganz anders und enthielten das Lernprozess in sich.

In Angola z.B. UNICEF hat ein mine awareness Programm durchgeführt. Dieses Programm erreichte etwa 400.000 Leute durch Theatergruppen, Poster, Puppenspiele, traditionelle Lieder, Tanzen, Spielen.

Weltweit gibt es 300 000 Kinder, die Minenexplosionen überlebt haben. Die Überlebenden brauchen nicht nur Prothesen, sondern auch die spezielle Fürsorge. ICBL hat für die Überlebenden eine Reihe der Prioritäten gestellt:

- Die Landminenüberlebenden sollen die Schule besuchen (wenn es möglich ist)
- Die psychologische Hilfe soll geleistet werden
- Es soll die Arbeit mit den Familien der Überlebenden durchgeführt werden

Die Internationale Hilfe für die Kinder, die Minenexplosionen überlebt haben, war immer langsam. Zwischen 1993 und 1999 haben 8 Länder und europäische Kommission 32 $ Millionen gespendet. Im September 1998 wurde von ICRC, UNICEF, WHO und die Regierung der Schweiz das Bern Manifest eingewilligt. Ihr Ziel war die Lebensbedingungen der Landminenüberlebenden zu verbessern.

Leichte Waffen.

Die am meisten benutzten Waffen der Massenzerstörung sind nicht nukleare oder biologische Waffen. Es ist ungefähr 500 Millionen kleine Waffen weltweit. Sie sind leicht und einfach zu benutzen. Deshalb ist es ganz einfach Kinder mit diesen Waffen als Soldaten einzusetzen. 300 000 Kinder haben in 30 Konflikten teilgenommen. Sogar nach dem Ende des Krieges, bleiben noch die Waffen lange im Land. Die Waffen, die USA in die Zentralamerika in den 70-en Jahren eingeführt hat, sind jetzt in den Händen von kolumbischen Guerillas. Die Waffen, die die ehemalige Sowjetunion nach Afghanistan in den 80-en Jahren gebracht hat, kreisen jetzt in Nordindien und Pakistan. Waffen, die USA in Somalia in den 90-en Jahren zurückgelassen hat, erscheinen jetzt in Kenia und Ostafrikanischen Ländern.

Weltweit gibt es immer noch 150 Kompanien in 50 Ländern, die Waffen produzieren. Die USA ist der größte Hersteller.

In der letzten Zeit tauchen viele private Händler auf und sie verkaufen Waffe allen. Die genaue Größe von den internationalen kleinen Waffen ist unbekannt. Im Jahre 2000 schätzt man legalen Handel von 4 $ Billion bis 6 $ Billionen. Illegalen Handel ist noch schwieriger einzuschätzen, es ist etwa 10 $ Billionen. Die Beschlagnahme der Waffen und ihre Zerstörung ist ein schwieriger Prozess. Man hat die „buy-back" Programmen benutzt, in denen das Geld für die Waffe umgetauscht wurde. Das allerdings, kann dazu bringen, dass die Leute wieder die Waffe nach einiger Zeit kaufen.

Das andere effektive Programm „guns for food" wurde in Nigeria von US Peace Corps durchgeführt. Für die Waffe wurde die Lebensmittel angeboten oder wie in Mosambik für die Waffen wurden Nähmaschinen, Fahrräder und andere lebenswichtige Sachen angeboten.

Noch ein anderes Programm „weapons- for- development" wurde in Albania gefördert. Für die Abgabe der Waffe wurden verschiedenen Einrichtungen aufgebaut, sowie Straßen, Beleuchtung, Telekommunikation, sanitäre Einrichtungen.

In 2000 und 2001 der UN Generalsekretär, Sicherheitsversammlung und Generalversammlung haben eine Konvention gegen Transnationalen organisierten Verbrechen in der Form von „Firearms Protocol" eingewilligt. Aber dieses Dokument ist auf die kommerziellen Waffen begrenzt.

Machel schlägt vor:

- Waffenembargos sollen eingeführt werden
- Alle Friedensabkommen sollen für die Entwaffnung, Reintegrierung der Soldaten und Kindersoldaten gerichtet.
- Staaten und verschiedenen Organisationen sollen die Kultur des Friedens durch die Friedensausbildungsprogramme fördern. Kinder und ihre Familien sollen über die Gefahr der Waffen informiert werden.

Kinder und Wirtschaftssanktionen.

Wirtschaftliche Sanktionen werden auf das politische Regime gezielt, aber aus der Erfahrung wird das wirtschaftliche und soziale Leben des Landes bewirkt. Die Zivilbevölkerung und besonders Kinder leiden darunter am meisten. Die längste Sanktion, die eingesetzt wurde ist Irak. Halbe Million Kinder ist während dieser Aktion gestorben. Nur 53% der Kinder in Irak besuchen Schule. Die meisten Kinder arbeiten oder helfen im Haushalt. Ab Jahre 2000 werden nur die gezielten Sanktionen verwendet. Diese Sanktionen sind folgende: Einfrieren des Aktivbestandes, Aussetzung der Krediten, Verbot der Investitionen. Aus 116 Fällen von wirtschaftlichen Sanktionen wurden die meisten von den USA zwischen 1914 und 1990 aufgedrängt. Nur ein Drittel war erfolgreich. UN Subkommission ist zum Schluss gekommen, dass wirtschaftliche Sanktionen unwirksam sind.

Machel schlägt vor:

- Die umfassenden Sanktionen sollen verboten werden
- Ohne Entscheidung des Sicherheitsrates darf man die Sanktionen nicht anwenden. Es sollen immer die Grenzen der Sanktionen gesetzt werden und wenn das Ziel erreicht ist, sollen sie abgehoben werden.
- Die Sanktionen sollen so angewendet werden, dass es keinen Schaden für Kinder und Frauen entsteht
- Körperschaften sollen dazu beitragen, dass die Sanktionen in Hinsicht auf Menschen- und Kinderrechte durchgeführt werden.

Standards des Kinderschutzes:

Die Konvention der Rechte des Kindes schafft eine Verbindung zwischen den Menschenrechten und dem Humanitären Recht. Letzteres versucht – in realistischer und verhältnismäßig pragmatischer Weise – das Leid der Zivilisten in den Gebieten, in denen Krieg oder Konflikte nicht verhindert werden können, möglichst gering zu halten, bzw. die Auseinandersetzungen an feste Regeln zu binden. Die Menschenrechte sind dagegen ein weiter gefasster Begriff von Rechten, welche, gleich, in welchen Situationen sich Menschen befinden, eingehalten werden müssen. Die UN-Kinderrechtekonvention. wurde mittlerweile von 191 Staaten unterzeichnet und beinhaltet unter anderem das Recht auf Leben, auf familiäre Umgebung, auf Gesundheit und Erziehung, das Recht auf eine Staatsangehörigkeit und speziellen Schutz für Kinder in bewaffneten Konflikten. Es ist aber auch wichtig, dass sich nichtstaatliche Parteien zur Kinderrechtekonvention bekennen und dass diese weiter an Bedeutung gewinnt. Auch muss der Status von Flüchtlingen weiter gestützt und der Internationale Strafgerichtshof realisiert werden. Denn diese Übereinkommen sind auch für die Kinder besonders wichtig: es werden Regeln vorgegeben, was für Kinder welchen Alters zulässig ist. Bei der Umsetzung der Kinderrechte sind neben der Abteilungen der Vereinten Nationen auch lokale Organisationen, die Medien und verschiedene NGOs von großer Hilfe. Graça Machel kommt zu dem Ergebnis, dass es zwar hohe Standards des Kinderschutzes gibt, jedoch immer noch große Lücken in der Um- und Durchsetzung dieser Standards existieren. Trotzdem erkennt sie auch den Fortschritt in der Entwicklung der Kinderrechte an, welcher stattgefunden hat, obwohl die Situation von Kindern in bewaffneten Konflikten noch nicht lange diskutiert wird.

Frauen und der Friedensprozess:
In Konfliktsituationen, so Graça Marcel, halten oft Frauen die Gemeinschaft zusammen. Deshalb ist ihrer Meinung nach auch die Entwicklung der Rechte der Frauen wichtig für die der Kinder. Trotzdem haben sie immer noch wenig Einfluss auf öffentliche Entscheidungsprozesse. Der UN-Sicherheitsrat misst den Frauen und der Gleichberechtigung der Geschlechter in Bezug auf Friedensprozesse erst seit dem Jahr 2000 spezielle Bedeutung bei. Graça Marcel sieht Gleichberechtigung allerdings als Voraussetzung für Friedensverhandlungen und Friedensprozesse. Die Einbindung der Frauen in diese Prozesse waren bereits auf kommunaler Ebene sehr erfolgreich: So führten Frauen etwa auf den Philippinen „peace-zones" ein, um sich und ihre Kinder vor bewaffneten Gruppen zu schützen. In Liberia konnten die Frauen durchsetzen, an den „peace-table" zugelassen zu werden. Zu nationalen Gruppierungen kommen außerdem internationale Frauenorganisationen hinzu, welche die Isolation überwinden und ein Netzwerk untereinander schaffen.
Trotz der Fortschritte kritisiert Machel jedoch, dass viele Organisationen, bzw. deren Maßnahmen die Frauen nicht erreichen. Die Annahme, die Frauen profitierten automatisch von humanitärer Hilfe, ist daher falsch. Sie betont eindringlich, dass nicht die Hälfte der Bevölkerung aus geschlechtsspezifischen Gründen von Hilfsprogrammen ausgeschlossen werden kann. Denn Gleichberechtigung ist notwendig, wenn Frieden und Demokratie geschaffen werden sollen. Die Teilnahme von Frauen am Friedensprozess legitimiert diesen daher stärker.

Machel fordert daher, dass durch Parteien, sowie internationale und regionale Körperschaften die Mitwirkung der Frauen stärker gefordert und unterstützt werden muss. Außerdem bedarf es struktureller Veränderungen: Verfassungen und die Prinzipien der Gleichberechtigung sollen, so schlägt sie vor, in leicht verständlicher Sprache verbreitet werden, so dass die Frauen über ihre Rechte in Kenntnis gesetzt werden. Außerdem ist die stärkere Umsetzung von Wahlsystemen notwendig, welche das aktive und passive Wahlrecht der Frauen beinhalten. Drittens ist es wichtig, das Bewusstsein zu fördern, dass die Verfassungswirklichkeit in vielen Ländern noch längst nicht mit der Verfassung übereinstimmt. In diesem Zusammenhang steht auch eine Sensibilisierung der Richter, Polizisten und Beamten für Fragen der Gleichberechtigung. Auch muss das Recht der Frauen auf Eigentum und Erbe, wie es etwa 1999 in Ruanda durchgesetzt wurde, weiter verbreitet werden.

Machel schlägt vor, durch Experten die Entwicklung dieser Prozesse beobachten zu lassen und sich stärker mit der Erforschung der Friedensinitiativen von Frauen zu befassen.

Medien und Kommunikation

Die Medien sind in konfliktbetroffenen Ländern eine effektive Möglichkeit, der Bevölkerung zu zeigen, welche politischen Entscheidungen getroffen wurden, und wo und bei wem sie Hilfe bekommen können. Machel denkt dabei zum Beispiel an Informationen zur Familienzusammenführung, zu den Wahlrechten oder der Gesundheit. In diesem Bereich sind bereits Fortschritte erwirkt worden: In Namibia, Kambodscha und Südafrika können die Einwohner durch die Medien über die Programme internationaler Hilfsorganisationen informiert werden. Medien, so Machel, helfen, den privaten und öffentlichen Dialog zu fördern.

Allerdings haben die Medien auch eine manipulative Seite, die etwa zu Propagandazwecken missbraucht werden kann. UNICEF hat daher Leitlinien aufgestellt, wie mit Kindern Interviews geführt werden sollen, damit ihre Geschichten nicht ausgenutzt und ihnen nicht noch mehr geschadet wird. Außerdem wurden bereits viele Journalisten von verschiedenen NGOs zu diesem Zweck ausgebildet.

Dennoch hat die Tatsache, dass viele Journalisten in Krisengebieten unter einem hohen Risiko arbeiten, dazu geführt, dass im Jahr 2000 24 von ihnen getötet und 80 eingesperrt wurden. Zudem missbrauchen viele Journalisten immer noch die Situation der Kinder, um an aufsehenerregende Geschichten zu kommen. Ein weiteres großes Problem, so die

Autorin, ist die mangelnde Verbreitung der Medien. So verfügte etwa im Jahr 1998 in einem Viertel aller Länder nur eine von hundert Personen über ein Telefon.

Aufgrund der zwiespältigen Rolle der Medien schlägt Graça Machel daher vor, genauer zu untersuchen, inwieweit die Medien helfen können, die Verletzung der Kinderrechte aufzudecken. Weiter sollen auch mehr Richtlinien umgesetzt werden, die vorgeben, wie sich Medienvertreter in Konfliktsituationen und –gegenden verhalten sollen. Für sinnvoll hält sie auch Programme für Jugendliche, in denen sie lernen, mit den Kommunikationstechnologien umzugehen.

Eine „children's agenda" für Frieden und Sicherheit:

Neben der UNO und diversen NGOs haben verschiedene Organisationen mit verschiedenen Projekten ihre Aufmerksamkeit den Kinderrechten gewidmet. Machel nennt hier vor allem die ECOWAS (Economic Community of West African States), die SADC (Southern African Development Community), die OSCE (Organisation for Security and Cooperation in Europe), die EU (Europäische Union), die OAU (Organisation of African Unity) und die OAS (Organisation of American States).

Aus den Maßnahmen, die bisher in die Wege geleitet wurden, haben sich auf der internationalen Ebene sechs Grundprinzipien für die Umsetzung der Kinderrechte entwickelt: Erstens soll die Entwaffnung, Demobilisierung und Reintegration von Kindersoldaten weiter gefördert werden. Zweitens soll es einer stärker verbreitete Berichterstattung von Gewalt gegen Frauen und Kinder geben. Drittens muss der Minenbeseitigung, Aufklärung und Opferbetreuung größere Bedeutung beigemessen werden und ein Friedensaufbau nach Konflikten etabliert werden, welcher Frauen mit einbezieht, die Herausbildung der Rechtsstaatlichkeit unterstützt und Kinderrechte sichert. Fünftens müssen die Kinder verstärkt vor den Auswirkungen von Sanktionen beschützt werden und auch die humanitären Programme und Maßnahmen für Kinder brauchen schließlich mehr Schutz und Förderung.

Dennoch bleibt Graça Machel vieles zu kritisieren: an den in den Kapiteln des Buches besprochenen Problemfeldern sieht man, dass die Implementation der Rechte des Kindes häufig noch nicht funktioniert.

Machel macht daher folgende Vorschläge, um diese Prinzipien umsetzen und den Standard des Schutzes der Kinder anheben zu können:

Zum einen fordert sie, die Berichte von Regierungen zu Konflikten und der Situation der Kinder stärker zu beachten. Weiter ist es nötig, das Büro des Hohen Kommissars für

Menschenrechte effektiver auf Verletzungen der Kinderrechte auszubilden, damit dieses schneller reagieren kann. Mehr Staaten, so Machel, sollten drittens mehr internationale Übereinkünfte unterzeichnen und ratifizieren, wie z.B. die Anerkennung des Internationalen Strafgerichtshofs oder die Inhalte der UN-Kinderrechtekonvention. Staaten, die nichtstaatliche Akteure in ihrer Kinderrechtsverletzung unterstützen, sollten viertens von der internationalen Gemeinschaft stärker verfolgt werden. Die Verantwortlichen von Kinderrechtsverletzungen sollen auch auf nationaler *und* internationaler Ebene stärker verfolgt und zur Verantwortung gezogen werden. Wichtig findet sie sechstens auch, dass sich der Hohe Kommissar für Menschenrechte stärker mit der Situation der Kinder in bewaffneten Konflikten auseinandersetzt. Schließlich ist es dringend nötig, die Menschenrechte weiter bekannt zu machen, ihre Inhalte den Menschen nahe zu bringen und sie in das nationale Recht zu integrieren.

Literatur: Machel, Graca: The Impact of War on Children. A review of progress since the 1996 United Nations Report on the Impact of Armed Conflict on Children, London 2001.